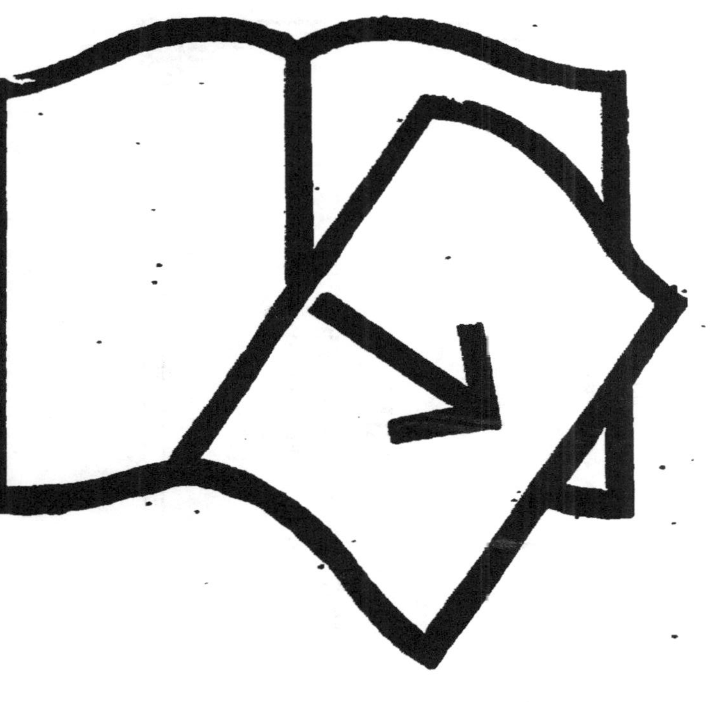

Couverture inférieure manquante

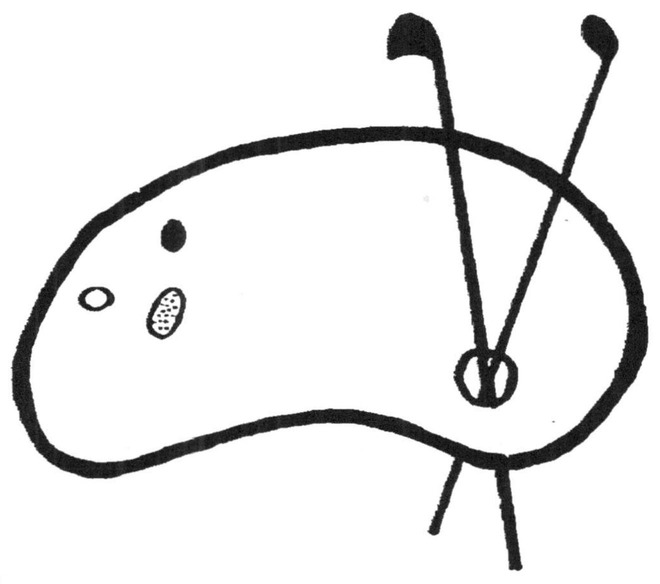

DEBUT D'UNE SERIE DE DOCUMENTS EN COULEUR

L'ALSACE

PENDANT ET APRÈS LA GUERRE

CONFÉRENCE

FAITE A PARIS

PAR

F. LICHTENBERGER

ANCIEN PROFESSEUR A LA FACULTÉ DE THÉOLOGIE DE STRASBOURG

PARIS

SANDOZ ET FISCHBACHER, ÉDITEURS

33, RUE DE SEINE ET RUE DES SAINTS-PÈRES, 33

1873

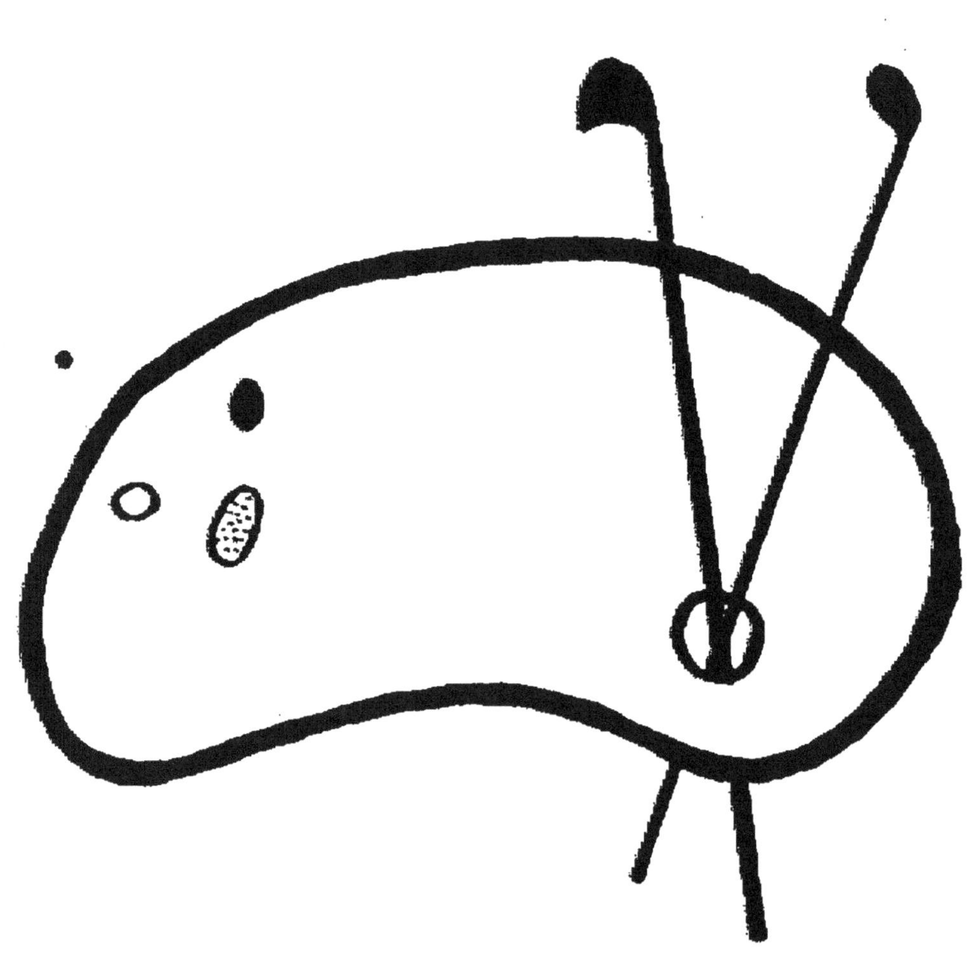

FIN D'UNE SÉRIE DE DOCUMENTS
EN COULEUR

L'ALSACE

PENDANT ET APRÈS LA GUERRE

CONFÉRENCE

FAITE A PARIS

PAR

F. LICHTENBERGER

ANCIEN PROFESSEUR A LA FACULTÉ DE THÉOLOGIE DE STRASBOURG

PARIS

SANDOZ ET FISCHBACHER, ÉDITEURS

33, RUE DE SEINE ET RUE DES SAINTS-PÈRES, 33

1873

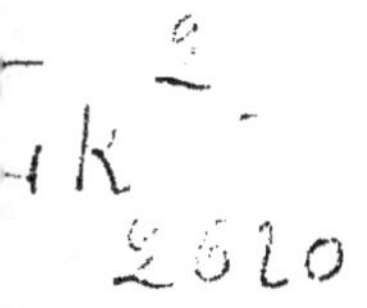

L'ALSACE

PENDANT ET APRÈS LA GUERRE

Messieurs,

En venant ce soir vous entretenir de l'Alsace et vous retracer le tableau de ses souffrances pendant et après la guerre, je n'ai pas seulement en vue de répondre à l'intérêt si touchant que vous témoignez à mes chers et malheureux compatriotes ; je remplis aussi un devoir à leur égard en vous montrant ce qu'ils ont fait pour prouver leur attachement à la France. La constance, au milieu des contrariétés que la guerre impose à ses victimes, la dignité dans le malheur et la virile résolution de ne jamais permettre à la force de primer le droit sont, à leur manière, une affirmation des grands principes de l'Evangile. Le christianisme, s'il ne peut revendiquer pour lui le monopole de tous les sacrifices, notamment de ceux que l'on porte à la patrie, du moins les approuve, les consacre et les fait concourir, dans les insondables desseins de la sagesse divine, au triomphe de la cause de la justice et de la vérité sur la terre.

Ce que je vous dirai ne sera, pour la plupart d'entre vous, que ce que vous avez déjà entendu, ce qui a paru dans la presse et dans les ouvrages concernant la guerre en Alsace : vous me permettrez d'y mêler quelques appréciations et quelques souvenirs personnels; mais j'ai besoin, en commençant, de me placer sous l'égide de la Parole de Dieu, et de nous rappeler à tous ce que nous lisons dans l'Evangile selon saint Matthieu au chapitre V°, aux versets 43° et suivants : « Vous avez entendu qu'il a été dit : Tu aimeras ton prochain, et tu haïras ton ennemi. Mais moi je vous dis : Aimez vos ennemis, bénissez ceux qui vous maudissent, faites du bien à ceux qui vous haïssent, et priez pour ceux qui vous outragent et qui vous persécutent, afin que vous soyez enfants de votre Père qui est dans les cieux; car il fait lever son soleil sur les méchants et sur les bons, et il fait pleuvoir sur les justes et sur les injustes. »

Cela dit, j'entre dans mon sujet sans autre préambule.

I.

La nouvelle de la déclaration de la guerre, le 15 juillet 1870, causa en Alsace une stupeur profonde. On en jugeait les motifs futiles; on craignait que les préparatifs ne fussent insuffisants; on savait l'ennemi redoutable; enfin la haine chrétienne de la guerre animait les cœurs de la plupart d'entre nous. Mais ce dont aucun ne se doutait, ce que nul n'eût pu ou osé prévoir, c'est que l'Alsace deviendrait l'enjeu de la lutte.

Pourquoi ne le dirais-je pas, Messieurs, nous aimions et nous appréciions l'Allemagne, nous entretenions avec elle les meilleurs rapports. Ce que nous estimions chez nos voisins, c'était la solidité de leur caractère, fruit de la profondeur de la pensée, de l'application soutenue, de la fidélité et de la constance des affections; c'était encore l'amour de l'idéal que respirent à un si haut degré les œuvres de leurs poëtes et de leurs artistes, et que l'on retrouve aussi dans le souffle incomparable qui anime leur littérature religieuse; c'était enfin cette indépendance d'esprit que révèlent leurs recherches philosophiques et leur culture intellectuelle tout entière, et que favorise encore l'instruction si généralement répandue dans toutes les classes de la société.

Grâce à notre position géographique et à notre égale connaissance des deux langues, nous nous considérions comme le trait d'union, l'intermédiaire entre deux grandes nations faites pour se rapprocher et se compléter. Nous avions accepté, et avec quelle joie! la mission de faire connaître et apprécier l'Allemagne en France, assurés d'être ainsi de quelque utilité à nos compatriotes au delà des Vosges.

Car, ai-je besoin de le dire, si nous aimions et estimions l'Allemagne, tous nos vœux étaient pour la France. C'est là un phénomène qui a eu le privilége d'étonner nos vainqueurs et d'exercer la pénétration de leurs savants. Ils n'ont pu s'expliquer cet attachement, puisque par ses origines, son caractère, ses mœurs, et surtout aussi par sa langue, notre province était bien et dûment allemande. Quelques écrivains, à bout de ressources, n'ont pu se rendre compte de cette anomalie autrement qu'en affirmant que la France nous avait jeté quelque sortilége, qu'elle nous avait séduits en excitant les instincts les moins recommandables de notre nature L'attitude de l'Alsace, qui déconcerte tant les Allemands, s'explique pourtant sans peine. C'est que la France, libérale et généreuse par tempérament plus encore que par politique, a su respecter le caractère de notre province durant sa domination plus de deux fois séculaire. Elle savait que, quoi qu'il advînt, elle pourrait compter sur nous, et le résultat a prouvé que c'est le libre assentiment de la raison et du cœur et non la similitude des mœurs et de la langue qui cimentent le plus solidement les liens de la nationalité. Ce que quelques esprits peu clairvoyants ont reproché à la France, son respect pour le caractère propre de l'Alsace, est ainsi devenu sa plus belle récompense au jour de l'adversité : l'Alsace lui est restée fidèle comme un enfant à sa mère.

Mais c'est surtout à partir de 1789 que l'attachement de l'Alsace à la France s'est prononcé avec force, et que ses fils se sont mêlés plus intimement aux Français, soit sur les champs de bataille, soit dans les assemblées délibérantes : ensemble ils ont versé leur sang ; les mêmes émotions, les mêmes espérances pour le triomphe du droit et de la liberté ont fait battre leurs cœurs. De plus en plus, l'Alsacien a su apprécier ce qu'il y a de large, de facile, de lumineux dans le génie français, et il a conçu l'ambition, téméraire peut-être, d'unir dans son propre caractère l'élan français et la solidité allemande. Nos écrivains ont essayé de se produire dans l'une et dans l'autre langue, et si nos poëtes ont continué de chanter en allemand, c'était — chose incompréhensible de l'autre côté du Rhin — pour exprimer leur sympathie pour la France, témoin ces vers d'Ehrenfried Stoeber que vous me permettrez de citer :

Meine Leier ist deutsch, sie klinget von deutschen Gesængen ;
Liebend den gallischen Hahn, treu ist, franzœsisch, mein Schwert (1).

témoin aussi l'auteur inconnu des *Sonnets alsaciens*, publiés vers la fin de la guerre, et qui expriment d'une manière si élevée et si touchante les sentiments qui agitaient les cœurs de tous.

Mais, encore une fois, au moment où la lutte s'engageait, nul ne se doutait à quel point l'Alsace était l'objet de la convoitise germanique. Nous savions bien que quelques journalistes et quelques professeurs ne cessaient de revendiquer pour l'em-

(1) Ma lyre est allemande ; elle retentit de chants allemands ;
Mais mon épée, amoureuse du coq gaulois, est fidèle à la France.

pire allemand ces provinces qui jadis en avaient fait partie ; mais nous croyions que c'étaient là les rêves malsains de quelques esprits exaltés. Nous étions si confiants dans l'honnêteté de l'Allemagne et dans son respect pour les principes du droit moderne, que nous ne supposions pas qu'elle pût jamais violenter les sentiments d'un million et demi d'habitants pour se les annexer malgré eux. Les événements devaient étrangement nous détromper, et plus notre confiance a été grande, plus amers aussi furent nos mécomptes.

Nos inquiétudes cependant et nos appréhensions, non sur l'issue de la lutte mais sur les phases douloureuses qu'elle allait traverser, augmentèrent au moment du rassemblement de notre armée. Nous vîmes avec effroi la faiblesse de l'effectif des régiments, les scènes de désordre et d'indiscipline surtout parmi les hommes de la réserve, des soldats mendiant dans les rues pour leur subsistance, une tristesse grave empreinte sur les visages des chefs. Le 1er corps que commandait le maréchal Mac-Mahon était surtout composé de troupes de l'armée d'Afrique, amenées en dix jours des frontières du Sahara aux bords du Rhin. Les régiments de zouaves et de turcos vinrent installer sur les glacis de Strasbourg leur campement pittoresque ; je dois à la vérité de dire que ces derniers, si redoutés par nos ennemis, se distinguaient entre tous par leur discipline et leur bonne tenue. Ces noirs fils du désert conquirent rapidement les sympathies de notre population ; elles redoublèrent encore lorsque nous fûmes témoins de leur patience et de leur douceur dans les ambulances. Je ne rappellerai qu'un seul trait. Interrogé sur la cause de sa tristesse et de ses larmes, alors qu'on eût pu croire qu'il regrettait son pays natal, sa famille, ou que la souffrance les lui arrachait — il avait été amputé du bras droit — un turco répondit dans son français incorrect : « Moi triste, parce que France vaincue. » On put donner à ces indigènes d'Afrique des fragments du Nouveau Testament en langue arabe, qu'ils recevaient avec les témoignages d'une vive gratitude.

Dès les derniers jours de juillet les troupes allemandes firent des incursions en Alsace par ses frontières dégarnies, et jetèrent l'alarme parmi les populations qui n'avaient aucun moyen de leur résister. Le 4 août, à deux heures de l'après-midi, se répandit soudain dans les rues de Strasbourg la nouvelle que la gare de Wissembourg brûlait et que la division du général Douay venait d'être défaite. A ce moment encore de longs trains d'artillerie sortaient par les portes de la ville et de nombreux convois amenaient d'insuffisants renforts à l'armée de Mac-Mahon. Mais ce fut bien pis deux jours après. Jamais je n'oublierai cette lugubre journée du 6 août, qui vit commencer tous nos malheurs. Dès le matin, on pouvait entendre de quelques endroits plus favorisés de la ville, le canon de la bataille où se jouaient, à dix lieues de nous, les destinées de la France et les nôtres. Vers midi, de vagues rumeurs se répandent parmi la population : l'ennemi était repoussé, l'armée française victorieuse. On se précipite vers la gare, vers le télégraphe pour avoir la confirmation de ces nouvelles. Un poids douloureux pèse sur tous les cœurs, à mesure que les nouvelles tardent et que la soirée approche. Soudain, sur un ordre encore inexpliqué, on bat la générale. On crie — nouvelle invraisemblable — que les Prussiens sont à nos portes. En même temps arrive, avec les premiers convois de blessés, la certitude de la défaite. Oh ! que ces souvenirs sont pénibles à raconter. Le lendemain, quand les portes de la ville se rouvrirent, nous assistâmes, le cœur navré, à l'entrée des débris de l'aile droite de Mac-Mahon. A la vue de ces soldats, mélange informe de tous les corps, harassés de fatigue, couverts de poussière et de boue, les uniformes en lambeaux, l'œil éteint, portant sur leur visage les traces de la lutte à outrance qu'ils avaient supportée, nos cœurs s'émurent d'une indicible pitié. Un frisson douloureux les agita, et dans ce frisson nous eûmes la révélation d'un amour inconnu, non encore soupçonné, l'amour de la patrie. Oui, dans cette déroute nous vîmes l'image de notre pauvre mère, la France, et à partir de ce moment nous l'aimâmes, comme jamais nous ne l'avions aimée.

Les premiers Allemands parurent le 8 août sous nos murs mal armés et insuffisamment défendus, en même temps qu'ils se répandaient comme un torrent en masses compactes dans tout le département. Je ne vous raconterai pas le siége de Strasbourg dont les détails sont bien connus : je ne veux relever que quelques traits entre mille. Pendant quarante jours la garnison et la population supportèrent vaillamment et sans se plaindre les horreurs d'un bombardement, plus nuisible à celle-ci qu'à celle-là. Elles atteignirent leur apogée dans la nuit du 24 au 25 août, anniversaire de la Saint-Barthélemy, choisie par l'assiégeant pour forcer par la terreur la population civile à exercer une pression sur l'autorité militaire et la déterminer à rendre la ville. C'est pendant cette nuit, que le ciel tout en feu rendait aussi claire que le jour, que brûlèrent le Temple-Neuf, la plus vaste église protestante de Strasbourg, qui pouvait contenir jusqu'à trois mille personnes, et la Bibliothèque de la ville, perte à jamais regrettable et irréparable pour la science. On a accusé à ce propos ceux qui étaient préposés à la garde de ce précieux dépôt d'avoir négligé les moyens employés en pareille occurrence pour mettre ces collections à l'abri du feu de l'ennemi. Mais où auraient-ils trouvé des locaux qui remplissent cette condition, et qui d'ailleurs aurait voulu assumer la responsabilité d'un pareil déplacement? Ne pouvait-on pas se fier au respect bien connu des assiégeants pour la science, à leur connaissance très-exacte des lieux, grâce aux cartes excellentes qu'ils avaient entre leurs mains, et au tir presque infaillible de leur artillerie? Des hauteurs voisines où étaient placées leurs principales batteries se découvrait à leurs yeux, visible entre tous, le colossal pignon qui surmontait l'édifice de la Bibliothèque. Il est vrai que sa vaste charpente, une vraie forêt de poutres au dire de tous ceux qui l'ont visitée, présentait un aliment admirable pour l'incendie, un brasier énorme d'où la flamme pouvait se communiquer à tout le quartier voisin : ce qui n'a pas manqué d'arriver. C'est donc avec intention, nous avons le regret de le dire, que les Allemands ont visé cet édifice dont la destruction devait jeter l'épouvante dans l'âme de tous et hâter la reddition de la ville.

La cathédrale, ce merveilleux chef-d'œuvre de l'art gothique, fut, elle aussi, l'objectif — et cela pendant toute la durée du siége — de l'artillerie ennemie, sous le prétexte que l'autorité militaire y avait établi un poste d'observation qui pouvait communiquer d'utiles renseignements à la défense. Mais ce poste éloigné, les obus n'en continuèrent pas moins à exercer leur fureur sur ce vénérable édifice, et il faut avoir vu les débris joncher la place pour se faire une idée des dommages causés et dont la réparation a été estimée à près d'un million. La croix qui surmonte la flèche, inclinée et retenue par la seule force du paratonnerre, des statues mutilées, des milliers de colonnettes, de balustrades, d'arceaux brisés, la toiture de la nef incendiée et couvrant de ses débris l'intérieur de l'édifice, les magnifiques vitraux coloriés brisés, les orgues abîmées :

voilà les souffrances endurées par cet auguste monument qui, dans sa mélancolique sérénité, semblait reprocher aux assiégeants leur inutile barbarie. Lors des débats relatifs à la restauration de la cathédrale, le conseil municipal prit une délibération qu'il ne sera pas sans intérêt de citer. Il s'agissait de savoir si l'on reconstruirait la toiture de la nef avec une charpente de fer ou de bois; l'on se décida pour ce dernier parti, plus en harmonie avec les exigences de l'art gothique, et à l'appui de cette décision on inséra dans l'arrêté le considérant suivant : Attendu qu'il n'est pas à supposer que lors d'un nouveau siége, qui ne pourrait être entrepris que par une armée française, l'artillerie assiégeante renouvelle le procédé barbare dont la cathédrale a été victime, le conseil décide, etc.

En parlant du bombardement de Strasbourg, j'ai à cœur de réfuter l'assertion regrettable d'un écrivain français, ancien fonctionnaire de l'empire, qui n'a pas craint d'affirmer qu'un seul quartier, le quartier protestant de Saint-Thomas, avait été épargné, par suite d'une secrète intelligence de ses habitants avec l'ennemi. Eh bien non, ce quartier n'a pas été préservé plus que les autres. Si l'église de Saint-Thomas, dont la toiture avait pris feu l'un des premiers jours du siége, a pu échapper à la destruction, c'est grâce au courage de quelques jeunes gens dévoués qui sont montés à la tour, au péril de leur vie, pour arrêter les progrès de l'incendie. Le grenier de ma maison, située sur la place Saint-Thomas, a été traversé par plusieurs obus, et nous pûmes ramasser dans la cour et dans le jardin deux grands paniers de débris de projectiles.

Il y eut pourtant, au milieu de ces horreurs, un jour lumineux : c'était le 11 septembre. La veille, la nouvelle s'était répandue qu'une nation voisine, seule entre toutes, ne nous avait pas oubliés. Elle avait obtenu ce que n'avaient pas réussi à obtenir les efforts combinés de nos autorités militaires, civiles et religieuses. L'ennemi permettait enfin la sortie des femmes, des enfants et des vieillards, en nombre limité il est vrai, que le général von Werder avait jugés jusque-là, en raison de leur faiblesse même, un élément utile à l'assiégeant et son meilleur allié en vue d'une prompte reddition. Toute la population valide se porta spontanément à la rencontre des délégués suisses et eût voulu serrer la main à ces braves gens qui remplissaient avec tant de modestie et non sans péril leur généreuse mission; car les Allemands avaient refusé d'interrompre le feu, et les détonations des obus ne cessèrent pas un instant durant le court séjour des députés helvétiques dans notre cité. Ils reçurent l'hospitalité dans la cave de l'un des membres du conseil municipal, et une petite fille vint leur offrir un bouquet arrosé des larmes de reconnaissance de tous les assistants.

Les Suisses, outre la sympathie qu'ils nous témoignèrent et la généreuse hospitalité qu'ils offrirent à ceux de nos concitoyens qui purent en profiter, nous apportèrent, hélas! avec le récit de nos récents désastres, une bonne nouvelle : l'empire était tombé, la république avait été proclamée ! Quelques citoyens, dans un transport de joie irréfléchi, croyant sans doute aussi à la fin prochaine de la guerre avec la disparition de sa cause, pavoisèrent leurs maisons. Mais à la vue des civières qui passaient, portant de pauvres femmes atteintes dans leurs maisons par les bombes, un cri unanime s'éleva : « Rentrez les drapeaux ! » Ce n'était pas le moment de se livrer à l'allégresse.

Le 27 septembre, à cinq heures du soir, le drapeau blanc fut hissé à l'une des quatre tourelles de la cathédrale : je le vois flotter encore, enflé par la brise, tandis que la pierre rougeâtre de l'édifice s'illuminait des feux du couchant. Un horrible serrement de cœur s'empara de ceux qui savaient ce que voulait dire ce signal. Mais la masse de la population ne se doutait nullement encore que les chefs militaires avaient jugé la prolongation de la défense impossible. Elle croyait à un armistice, et quelques-uns, comprenant mal, allaient répétant de proche en proche qu'on espérait une « amnistie. » C'était la capitulation. Nous étions arrivés au terme de la lutte armée, non à celui de nos souffrances. Pendant 40 jours 250 bouches à feu avaient vomi 200,000 projectiles sur la ville ; elles avaient tué 300 habitants et blessé 2,000, dont beaucoup moururent de leurs blessures, sans compter les pertes de la garnison et ceux qui sont morts par suite des privations, des émotions ou du séjour prolongé dans les caves.

La charité chrétienne n'était pas restée inactive

pendant le siége. Douze ambulances volantes, pourvues d'un personnel dévoué, étaient sorties de Strasbourg alors que les portes s'ouvraient encore, pour
recueillir et soigner les blessés sur les champs de
bataille de Wœrth, de Frœschwiller et de Reichshofen. La plupart des médecins strasbourgeois ne purent point rentrer, et ceux qui étaient restés durent
se multiplier pour pourvoir à tous les besoins. Des
ambulances organisées avec intelligence et desservies avec un rare dévouement, s'étaient établies sur
plusieurs points de la ville. Il fallut aussi construire
des abris provisoires, au bas des remparts et le long
des chemins de halage, pour loger 10,000 personnes
dont les demeures avaient été successivement incendiées. Grâce aux soins infatigables de divers comités,
un nombre égal de personnes furent nourries pendant toute la durée du siége, soit gratuitement soit à
prix réduit.

Les exercices publics du culte ne cessèrent que
par la force des choses, les édifices étant détruits,
endommagés ou exposés au tir de l'ennemi. On avait
cru remarquer que celui-ci choisissait les heures du
culte, le dimanche, pour diriger son feu sur les lieux
où il pensait que beaucoup de personnes devaient
être rassemblées. Aucune cloche ne sonnait plus, si
ce n'est lorsque, par intervalles, un éclat d'obus venait les frapper : c'étaient alors de longs soupirs
plaintifs qui protestaient contre ces violences de la
guerre. Rencontre étrange : la péricope prescrite
pour le dimanche 21 août, jour où se célébrèrent les

derniers cultes publics, se trouvait dans l'évangile de saint Luc, chap. XIX, versets 41 à 48. On y lisait ces mots : « Les jours viendront sur toi, que tes ennemis t'environneront de tranchées, et t'enfermeront et te serreront de toutes parts, et ils te détruiront entièrement, et ils ne laisseront pas pierre sur pierre. » On n'en continuait pas moins à se réunir dans quelques maisons particulières converties en assemblées de culte. Combien, dans ces jours d'épreuve, on se sentait rapproché de Dieu ; comme l'on comprenait mieux la vie dans son sérieux profond ; combien toutes les classes de la société se sentaient unies dans le deuil et dans le dévouement communs ; combien, en particulier, on éprouvait le besoin et le bienfait de la prière ! Ah ! elles montaient vers Dieu nos prières, ardentes et désolées, pour notre pays, pour notre ville, pour nos chers foyers menacés, pour ceux des nôtres qui étaient absents ou particulièrement exposés, pour le raffermissement de tous les courages, pour le salut de toutes les âmes. C'étaient de vrais jours de rafraîchissement spirituel ; ils font comprendre ces paroles échappées plus tard, au temps de l'occupation et de la conquête, à de faibles femmes : « Ah ! rendez-nous les beaux jours du bombardement, où du moins nous étions soutenus par la consolation de souffrir pour la France ! »

Le 28 septembre, au matin, les clairons français se firent entendre pour la dernière fois, et nous vîmes nos bataillons défiler, brisant leurs armes, dévorant leurs pleurs et la rage dans l'âme : mais personne ne se doutait encore qu'on ne reverrait plus flotter sur nos murs le drapeau aux chères couleurs. L'illusion toutefois ne fut pas longue. Dès les jours suivants, le pieux gouverneur général, M. de Bismarck-Bohlen, qui ne manquait pas un service religieux, fit placarder sur les murs de la ville une insolente proclamation qui commençait par ces mots : « Strasbourg est et restera allemand pour toujours. » Bientôt aussi nous lûmes l'admirable circulaire dans laquelle J. Favre rendait compte à la France et à l'Europe de son entrevue avec le chancelier prussien à Ferrières : et alors l'implacable réalité se révéla à nous dans toute sa sévérité. « Quoi, se disait-on, après avoir tant souffert, il nous faudra encore nous voir arrachés à notre patrie ! » On se regimbait contre cette idée, on essayait de la repousser bien loin, on s'accrochait à tous les lambeaux d'espérance qui restaient encore, on ne voulait pas se soumettre à ce que de durs prédicateurs nous disaient être la volonté de Dieu. Ah ! ils ne savaient pas ce qui se passait dans nos cœurs, ils ne connaissaient pas nos souffrances, nos luttes, nos prières, ceux qui nous exhortaient à nous laisser consoler si facilement.

La prise de Strasbourg fut bientôt suivie de l'occupation de toute l'Alsace et de la conquête facile de ses petites forteresses : Belfort seul résistait encore. Mais quoique occupée, sévèrement gardée et surveillée par des corps de troupes nombreux et une administration vigilante, quoique rançonnée et réquisitionnée avec une cupidité insatiable, l'Alsace ne jugeait pas qu'elle fût déliée de ses devoirs vis-à-vis de la France. Tout au contraire : dix mille jeunes gens et hommes faits de dix-sept à quarante ans partirent, au milieu des plus grands périls, pour se dérober à l'ennemi et rejoindre l'armée française. Ils allèrent former à Lyon les légions d'Alsace-Lorraine dont le seul regret est de n'avoir point vu le feu. L'autorité se vengea en menaçant de confisquer les biens de ceux qu'elle appelait des déserteurs, comme si leurs bras lui appartenaient déjà. Toutes les villes d'Alsace rivalisèrent de zèle et de dévouement, Mulhouse surtout fut admirable; des ambulances, abondamment pourvues, furent envoyées sur les bords de la Loire et sur ceux du Doubs : celle de Clerval, en particulier, a contribué à sauver un grand nombre de blessés français abandonnés lors de la malheureuse retraite de l'armée de Bourbaki.

Mais les sinistres nouvelles se succédaient sans relâche, sans pitié. Après la chute de Metz, celle d'Orléans, celle du Mans, celle de Paris. Avec quelle anxiété on suivait sur la carte les progrès que faisait l'armée envahissante au cœur de la France; avec quelle joie fébrile on accueillait la nouvelle des rares succès que la fortune de la guerre nous accordait; avec quel sombre découragement on voyait aboutir la lutte, de plus en plus meurtrière et inégale, à son issue trop prévue! Enfin l'armistice fut signé. L'Alsace eut une dernière satisfaction, elle n'osait dire un dernier espoir. M. de Bismarck lui permit d'envoyer des députés à l'Assemblée de Bordeaux, qui devait décider de la paix ou de la guerre. Ces élections se firent partout avec un élan vraiment patriotique. Sur cent quarante-cinq mille électeurs, cent deux mille se présentèrent au scrutin, et pourtant l'on était au cœur de l'hiver, l'on n'avait eu que quelques jours pour se préparer et s'entendre, et les directeurs de cercle avaient partout donné aux maires la consigne de recommander l'abstention. Dans le Bas-Rhin, on avait porté sur la même liste Gambetta et J. Favre, le représentant de la défense à outrance et le négociateur de l'armistice. Cela fit dire aux Allemands : « Voyez comme ces Alsaciens ont l'esprit perverti par la France. Quelle légèreté, quelle inconséquence ! Ils ne savent pas ce qu'ils veulent puisqu'ils mettent l'un à côté de l'autre deux noms qui ont un sens tout opposé. » Les Alsaciens savaient fort bien ce qu'ils voulaient. Leur vote disait à la France : « Fais ce que tu voudras, ce que tu jugeras bon ! Si tu veux continuer la lutte, tu nous trouveras prêts et nous ne te marchanderons pas nos sacrifices ; si, au contraire, tu en juges la prolongation impossible, eh bien, nous nous résignerons, l'Alsace sera la victime. »

Et lorsque, subissant la cruelle loi du vainqueur, la France courba la tête et se résigna au sacrifice, quelle ne fut pas notre émotion d'apprendre que le maire de Strasbourg, le digne et héroïque M. Küss, que toute l'Alsace avait envoyé à Bordeaux, mourut, le jour même de la signature du traité, de la rupture d'un anévrisme ! Et quand, un mois après, aux frais de la France, on ramena son corps dans sa ville natale, toute la population lui fit des funérailles comme on n'en avait jamais vues. Alors éclata, dans cette douleur particulière, l'immense douleur de l'Alsace de se voir arrachée à la patrie. Une dernière fois les drapeaux tricolores furent arborés aux fenêtres, mais enroulés et si profondément couverts par les crêpes que les Prussiens ne purent pas les interdire. Lorsque les clairons des sapeurs-pompiers, commandés pour la haie, firent entendre leurs fanfares françaises, un sanglot unanime traversa la place où le cortége s'était réuni, et l'on vit les autorités allemandes, honteuses et gênées, prendre la tête du convoi. Oh ! qu'elles devaient être mal à l'aise sous leurs casques ! Au cimetière dont la foule couvrit les abords, devant la tombe ouverte, un collègue de M. Küss raconta ses derniers instants, et lorsqu'il prononça ces mots : « Son noble cœur a cessé de battre le jour où l'Alsace cessa d'être française, » malgré la sainteté du lieu, malgré la présence de la police prussienne, un cri formidable retentit au milieu des larmes : Vive la France ! Et bien mal inspiré eût été celui qui eût voulu imposer silence à ce peuple affligé ou parler de profanation du séjour des morts.

Le sacrifice était consommé, mais l'Alsace n'avait pas encore montré toute la mesure de son affection pour la France. Quand nos prisonniers, nos pauvres prisonniers hâves, toussant, amaigris par les privations et

le séjour dans les casemates, revinrent d'Allemagne,
on organisa sur tout le parcours des trains les moyens
de leur venir en aide. Au début, les convois s'arrê-
taient à Strasbourg pour y passer la nuit ; et malgré la
charge très-lourde de garnisaires allemands qui, pendant dix-huit mois, pesa sur la population, elle s'ar-
racha nos braves soldats pour les héberger et les récon-
forter. Les meilleurs lits, la meilleure nourriture
étaient pour eux. Mais l'autorité allemande avertie,
abrégea le séjour des prisonniers ; bientôt les trains
ne s'arrêtèrent plus que quelques minutes à la gare
de Kœnigshofen, située à un kilomètre de la ville ;
ses abords furent interdits aux hommes, mais le
dévouement des dames strasbourgeoises suppléa à
tout. Elles se relayaient jour et nuit, pour procurer
quelques soulagements à nos pauvres prisonniers,
d'autant plus que les trains n'arrivaient plus qu'irré-
gulièrement et sans être annoncés à l'avance. C'est
à l'un de ces passages nocturnes que Mademoiselle
Riton, appartenant à une honorable famille de la
ville, fut victime de son dévouement ; elle tomba
d'un wagon à la portière duquel elle s'était penchée
pour offrir quelques rafraîchissements à nos soldats,
et fut écrasée par une locomotive qui passait en ce
moment. Le surlendemain, aux funérailles de Mademoiselle Riton, les prisonniers revenus à Strasbourg
se revêtirent de leurs uniformes et escortèrent le
corps au cimetière. Un vieux sous-officier d'artillerie, qui portait une couronne aux couleurs nationales, voulut prononcer un discours ; mais au moment

de prendre la parole, il fut tellement suffoqué par l'émotion qu'il ne put dire que ces simples mots, mais qui valaient la plus belle oraison funèbre : « Adieu, Française ! » Le général von Hartmann — qui porte bien son nom — profita de cet accident pour informer les dames de Strasbourg que l'accès de la gare leur était dorénavant sévèrement interdit, et il ajouta que celles d'entre elles qui enfreindraient cet ordre seraient repoussées à la baïonnette.

Vinrent ensuite, en décembre 1871, les souscriptions nationales. Les dames de Mulhouse, de Strasbourg et des autres villes de l'Alsace eurent l'idée de consacrer leurs étrennes à l'œuvre de la libération du territoire français. Elles prirent l'initiative de quêtes qui donnèrent lieu à des manifestations analogues dans toute la France : mouvement généreux qui ne s'arrêta que parce que le gouvernement trouva un autre moyen, plus prompt et plus sûr, pour couvrir la dette nationale. Depuis lors, les Alsaciens n'ont pas négligé une seule occasion, soit concert ou représentation théâtrale, soit anniversaire douloureux ou fête privée — si fête il y a là-bas — pour collecter en faveur de quelque œuvre française.

II

Je vous ai entretenus, Messieurs, de ce que l'Alsace avait fait pendant la guerre pour montrer son attachement à la France ; il me reste à vous dire quelle a été son attitude depuis la guerre. Vous n'avez jamais douté, je le sais, de la constance de ses sentiments, mais vous craignez peut-être que les défaillances isolées, jointes à la longueur de l'épreuve qui est imposée aux malheureuses provinces que vous avez été obligés de sacrifier, n'agissent d'une manière fâcheuse sur l'esprit général et ne finissent par produire quelque découragement. Eh bien, Messieurs, vous pouvez être rassurés. Ce qui, plus peut-être que toute autre chose, contribue à entretenir en Alsace les sympathies françaises, ce sont les fautes accumulées que l'Allemagne a commises et commet tous les jours à son égard. Heureuses fautes! serais-je tenté de dire, si je ne me rappelais que nous nous trouvons ici en présence d'une loi de Dieu qui ne permet pas à l'injustice de se consolider et d'assurer son règne en employant les moyens de la justice. Dieu la condamne à être toujours injuste et à se creuser ainsi à elle-même sa fosse.

L'Allemagne, au lendemain de la guerre, se trouvait dans des conditions on ne peut plus favorables vis-à-vis des provinces que le traité de Francfort lui cédait; elle avait la partie vraiment belle pour leur faire oublier les maux qu'elle venait de leur causer. Elle recevait des provinces riches, industrieuses, affranchies de dettes, dont les habitants sont attachés au sol, et ont la noble passion du travail. Elle pouvait se montrer vis-à-vis d'eux libérale, généreuse, intelligente; elle devait respecter des sentiments qu'il n'était pas en son pouvoir de changer, ménager doucement la transition, ne pas rompre brusquement un lien deux fois séculaire, afin de rattacher ces populations insensiblement, par la persuasion lente et la puissante voix de l'intérêt, à la grande patrie allemande, qui sortait, enrichie et couverte de gloire, de la lutte contre la première puissance militaire de l'Europe. Elle pouvait, par un contraste heureux, lui montrer la France, au lendemain de ses désastres, livrée aux factions civiles, se déchirant de ses propres mains, et se livrant ensuite, pour panser ses plaies, à la réaction cléricale, obstinément appliquée à lui faire renouveler et aggraver les fautes qui l'ont perdue. Eh bien, cette dernière partie de son programme, l'Allemagne l'a seule remplie. La presse officieuse et non officieuse a exploité avec une rare et persévérante habileté qui devrait nous faire réfléchir, le règne de la Commune et la réaction ultramontaine; elle a redit sur tous les tons à l'Alsace que la France n'était plus qu'un grand corps en dissolution dont tous les hommes sensés devraient se féliciter d'être détachés. Mais sur tous les autres points, les vainqueurs ont été aussi souverainement maladroits et mal inspirés que leur conquête était inique en elle-même.

La première faute de l'Allemagne a été la loi relative à l'option. En exigeant de tous les Alsaciens qui voudraient rester Français de transférer réellement leur domicile en France, elle plaçait ses nouveaux sujets dans la cruelle alternative de quitter leurs foyers afin de conserver leur patrie ou de perdre leur patrie pour rester dans leurs foyers. C'était pour les uns l'exil, et pour les autres, je ne dis pas la honte, mais l'humiliation de l'esclavage : pour tous, pour ceux qui restaient comme pour ceux qui partaient, des luttes, des douleurs, des tristesses sans nom. Les optants ont été au nombre de cent soixante-cinq mille dans les provinces annexées même. Ce chiffre est important, quand on songe que les riches et les pauvres ont seuls pu prendre la détermination de quitter le sol, tandis que la nombreuse classe intermédiaire y restait enchaînée par les liens d'une dure nécessité. Et, dans la plupart des cas, ne l'oublions pas, Messieurs, ceux qui sont restés sont plus à plaindre que ceux qui sont partis. Ces derniers ont trouvé une patrie pleine de sollicitude et d'affection pour eux, à laquelle je voudrais exprimer, au nom de toute la colonie d'Alsace-Lorraine, notre sincère et profonde gratitude ; tandis que les premiers sont condamnés au contact permanent avec un vainqueur implacable et ne peuvent étouffer qu'avec peine ces semences d'irritation et de haine que des tracasseries et des violences incessantes font lever dans les cœurs. Mais la grande douleur, l'affliction poignante a surtout consisté dans la séparation, dans le déchirement des familles : quelquefois les enfants ont entraîné à leur suite les parents qui ne voulaient pas que leurs fils fussent considérés comme déserteurs ; le plus souvent les jeunes sont partis et les vieux sont restés. Mais parmi ces derniers même que de touchants exemples de patriotisme ! Un professeur de physique qui touche à la soixantaine est destitué par les autorités allemandes, parce que c'est un crime à leurs yeux d'enseigner la physique en français; ce digne savant, pour trouver un emploi en France, se prépare à l'examen pour le certificat d'aptitude à l'enseignement de l'allemand ; il l'obtient et émigre à Nice avec sa femme et sa fille. Je pourrais citer cent autres traits du même genre.

Ah ! Messieurs, si vous aviez pu voir le spectacle que présentaient les gares des chemins de fer et les cols de nos Vosges, le 30 septembre dernier et les semaines qui précédèrent ce jour à jamais néfaste ; ces adieux déchirants et qui ne voulaient pas finir, ces mobiliers entassés sur la voie et pour lesquels on ne pouvait trouver de wagons, ces trains interminables bondés de voyageurs, et puis ces longues files d'émigrants de tous les âges prenant à pied le chemin de la France, entourant les modestes charrettes sur lesquelles était empilé tout leur avoir, avec quelques pauvres provisions pour compléter la charge, et quelquefois une vache ou une chèvre attachée à l'arrière-train; si vous aviez vu tous ces pauvres gens marchant tristes et résolus, mais non sans se retourner et jeter un regard de regret sur ces Vosges qui fuyaient à l'horizon : vous auriez compris ce que c'est que l'exode d'un peuple frappé dans ses plus chères affections. Ah ! pour ma part, je n'ai jamais maudit la guerre et ses cruels hasards

plus vivement que ce jour-là, et j'ai pris l'engage-
ment devant Dieu d'en flétrir l'image partout où je la
rencontrerais, de quelque auréole de gloire que son
front fût couronné.

La deuxième faute de l'Allemagne vis à vis de
l'Alsace a été la loi militaire. Au mois d'octobre dernier les premiers conscrits alsaciens-lorrains ont été
incorporés dans l'armée allemande. Toutes les in-
stances, toutes les démarches avaient été faites pour
reculer de quelques années du moins cette fatale
conscription. Une pétition couverte de deux cent
mille signatures de mères et de sœurs alsaciennes et
lorraines avait été adressée au chancelier de l'Empire; il y a plus, des journaux allemands intervin-
rent eux-mêmes pour montrer ce que cette mesure
avait à la fois d'impolitique et d'odieux. Comment en
effet se concilier les sympathies des vaincus en for-
çant leurs enfants à entrer sans délai dans les rangs
du vainqueur et en les exposant à se rencontrer sur
les champs de bataille avec leurs aînés, restés fidèles
au drapeau de la patrie? L'état-major de M. de
Moltke demeura impitoyable. La conscription immé-
diate fut présentée à la fois comme une mesure de
sécurité — il fallait bien enlever à l'Alsace la jeunesse capable de porter les armes — et comme un
moyen de germanisation rapide et sûr. C'est dans
l'armée allemande, sous la sévère discipline du sous-
officier prussien, que l'on inculquera le mieux les sentiments germaniques aux Alsaciens dégénérés. Et

leurs parents eux-mêmes finiront par s'habituer à la vue de l'uniforme allemand, quand en parlant des troupes dans lesquelles sont engagés leurs fils, ils seront obligés de dire : « Nos soldats. » Les conscrits partirent donc, mais la plupart prirent le chemin de la France : on les vit arriver par bandes de cent, de deux cents à Lunéville, à Nancy, à Saint-Dié, à Belfort, dans leurs blouses bleues, la boîte en fer-blanc passée sur l'épaule et le bâton à la main. Chaque détachement portait avec lui, roulé dans son fourreau en cuir, un drapeau dont il faisait déployer les plis à la frontière, loin de la jalouse surveillance des gendarmes prussiens.

D'après les feuilles allemandes, sept mille conscrits seulement, comprenant deux contingents, se sont présentés en Alsace-Lorraine, sur lesquels cinq mille ont dû être exemptés pour cause d'infirmités ou pour d'autres motifs. Mais elles ne nous ont pas dit combien il y avait d'Alsaciens et de Lorrains proprement dits parmi les deux mille qui ont rejoint les drapeaux ; car il ne faut pas oublier que dans ce nombre sont compris les fils des Allemands qui se sont établis dans les provinces annexées depuis deux ans, et dont on peut évaluer le nombre à une centaine de mille. La seule ville de Metz, dont la population est descendue de quarante mille à trente mille habitants, compte dans son sein quinze mille Allemands. Malgré cette circonstance, qu'il ne faut jamais perdre de vue dans toutes ces questions de statistique, tous nos cœurs ont ressenti un frisson douloureux en lisant récemment que les conscrits d'Alsace-Lorraine ont dû prêter le serment militaire à Coblentz. Ils ont été répartis dans tous les régiments du 11e corps d'armée, à raison de douze hommes par bataillon.

Si l'on veut savoir, au reste, quels sont à cet égard les sentiments des Alsaciens, même dans les campagnes, que l'on me permette de raconter le trait suivant. Au mois de mai de l'année 1871, un haut fonctionnaire de l'enseignement supérieur de Berlin fut envoyé en Alsace, pour y étudier l'esprit des populations au point de vue scolaire. Il était porteur d'une lettre de recommandation pour l'une des plus respectables familles de Strasbourg. Il passa avec elle le dimanche de la Pentecôte, et pour lui procurer quelque distraction, on lui proposa une promenade en voiture aux environs de la ville. On arriva ainsi à l'un de ces idylliques villages alsaciens, appétissants, coquets, cachés dans un nid de verdure. On entra dans une ferme et l'on trouva la famille assise autour de la table. C'étaient des paysans aisés. Plusieurs jeunes filles aux épaisses tresses blondes se tenaient à côté de leur mère, qui était une femme d'un grand sens et très-capable de converser avec le fonctionnaire prussien. Celui-ci ne se tenait pas d'aise : plus de traces, plus de souvenirs de la domination française ; plus de visages sombres et refrognés, plus de regards haineux et de propos blessants comme dans les rues de Strasbourg. Tout ici était bel et bien allemand : la langue, le caractère, le costume, les mœurs. Le scolarque complimenta la fermière sur ses belles filles, et lui demanda si c'était là toute sa famille, si elle n'avait point de garçons. « Hélas, oui! » répondit-elle, le visage attristé. — « Pourquoi cet hélas! un fils n'est-il pas la couronne de ses parents? » — « Oui, fit la paysanne, s'il n'y avait pas la loi militaire, mais mon fils a vingt ans, et vous comprenez... » — « Ma brave femme, repartit le fonctionnaire, félicitez-vous d'être redevenus Allemands; en Allemagne, c'est un honneur d'être soldat. Chaque citoyen, sans exception, s'acquitte de sa dette envers sa patrie, en se rendant capable de la défendre. » — « *Ja wenn's für's Vaterland wœr !* Oui, si c'était pour la patrie, » interrompit la vaillante mère. Le dialogue s'arrêta sur ces mots. Et toutes les mères alsaciennes eussent répondu de même.

●

L'Allemagne a commis une troisième faute en proscrivant sans pitié tous les souvenirs, toutes les traditions de la France, et surtout l'usage et l'enseignement de sa langue. Tous les noms des lieux furent changés, les inscriptions qui les désignaient enlevées ; si l'on avait pu on aurait ôté des places publiques les statues qui rappellent des gloires françaises. Tous les actes publics doivent être rédigés en allemand. Un arrêté porte qu'à partir du 1er octobre 1872, l'enseignement du français devra être banni des écoles primaires; défense absolue aux instituteurs d'y donner des leçons particulières dans cette langue en dehors des heures de classe. C'est en vain que les conseils municipaux ont protesté contre cette mesure en se fondant sur la nécessité d'assurer aux habitants des provinces frontières les moyens de parler les deux langues, et en invoquant l'exemple de largeur donné par l'administration française. Toutes les réclamations ont été inutiles. Et veuillez remarquer que cette mesure devient plus tyrannique et prend un caractère véritablement odieux, puisqu'elle s'applique également aux écoles publiques et à l'enseignement privé. Les Allemands sont même allés jusqu'à défendre, à Mulhouse par exemple, aux dames alsaciennes de réunir chez elles, par petits groupes, les enfants des écoles pour suppléer à cette lacune de l'instruction officielle. Mais quoi qu'ils fassent, leur but, au moins pour la génération présente, ne sera pas atteint, car jamais le français n'a été plus parlé, plus apprécié et plus avidement appris qu'à l'heure actuelle dans les nouvelles provinces allemandes situées au delà des Vosges. Les établissements d'instruction secondaire ont été rapidement transformés en gymnases allemands, et l'étude du français y occupe une place tout à fait restreinte. Le culte en français est encore toléré jusqu'à présent, mais les prédicateurs sont avertis d'avoir à veiller à leurs paroles, jusqu'à ce que vienne le serment ou la prière pour le glorieux empereur qui forcera les consciences délicates à se retirer.

Nous devons signaler une quatrième et dernière

faute. L'Allemagne a eu le tort de faire les plus belles promesses et de ne pas les tenir. Elle a assuré aux Alsaciens qu'elle les traiterait en véritables enfants gâtés, en Benjamins de la grande famille allemande; mais jusqu'à ce jour les faits n'ont point répondu à ces séduisantes perspectives. Au lieu du dégrèvement des impôts, de la prospérité matérielle, de la liberté, de l'autonomie provinciale, que voyons-nous en effet? Les impôts, loin d'être diminués, sont augmentés, les forêts sont mises en coupe réglée et prodigalement exploitées, les routes, par contre, sont mal entretenues; l'administration allemande a la main plus lourde, elle est plus tracassière, plus paperassière, elle s'immisce beaucoup plus dans les affaires de la vie privée que celle qui l'a précédée; les débouchés ouverts au commerce et à l'industrie ne compensent pas la perte de l'ancienne clientèle. Dans tous les domaines, la comparaison tourne au désavantage des conquérants. Il est vrai qu'ils ont augmenté le traitement de certains fonctionnaires, des pasteurs et des instituteurs, par exemple, soit pour s'attacher les éléments alsaciens et en faire des instruments de propagande, soit pour attirer et fixer dans la province des employés allemands que l'appât de gros traitements peut seul consoler de la triste condition qui leur est faite au milieu d'administrés hostiles. On a diminué aussi le tarif de la poste et du chemin de fer, mais le service est mal fait, et les plaintes sur les accidents et sur les retards vont en se multipliant. On ne sait ce que seront les futures élections politiques; mais n'oublions pas que l'Alsace-Lorraine vit encore sous le régime de l'état de siége, qu'elle n'intervient en rien dans la gestion des intérêts et de la fortune de la province, qu'elle n'a pas de siéges au Parlement allemand — ce qu'elle ne désire pas d'ailleurs, — et que la presse n'y est point libre, aucun nouveau journal n'ayant reçu l'autorisation de paraître, et les anciens ayant dû subir des transformations ou des restrictions qui leur ôtent tout caractère d'indépendance. Comment dès lors parler de liberté et d'autonomie?

L'Allemagne s'est surtout vantée d'inaugurer, en Alsace, une ère nouvelle pour les progrès de l'intelligence : elle a décrété l'instruction obligatoire dans une province qui avait pris l'initiative de ce mouvement en France peu de temps avant la guerre; mais, grâce à la proscription du français, grâce à l'introduction de méthodes tyranniques et de livres dont tous ne portent pas le cachet d'une vraie supériorité, elle a rendu ce bienfait désagréable à ceux-là mêmes qui l'avaient le plus ardemment réclamé. Il est vrai qu'elle a créé à Strasbourg un foyer scientifique de premier ordre et n'a reculé devant aucune dépense pour y appeler des savants éminents, pour y installer de riches collections et des laboratoires de choix. L'université de Strasbourg, inaugurée le 1er mai dernier, avec une dotation de 200,000 fr., a un budget qui dépasse celui de tout l'enseignement supérieur en France. Plusieurs professeurs y jouissent d'un traitement fixe de 18,000 fr., sans compter la rétribution des élèves, qui est très-considérable en Allemagne.

Mais ce qui manque encore à cette université, ce sont les élèves : pendant le premier semestre, il y en avait 150 à peu près; depuis, ce nombre s'est accru. Il atteint 390 en ce moment, dont la grande majorité est allemande, cela va sans dire. Les professeurs, par contre, sont au nombre de 71, dont plusieurs, il est vrai, ne peuvent faire leur cours, faute d'auditeurs. On se rappelle aussi l'incident lugubre qui marqua les fêtes d'inauguration de cette université auxquelles les savants de toute l'Allemagne avaient été conviés. Un vieillard de soixante-quinze ans, le baron d'Aufsess, fondateur du musée germanique de Nüremberg, était accouru, lui aussi, et avait reçu l'hospitalité chez le bibliothécaire impérial logé au siége même de l'université. Le vieillard, se sentant incommodé le soir de la fête, après avoir vainement appelé les domestiques pour se procurer une carafe d'eau, sortit dans le corridor et fit usage de son sifflet. Or, à ce moment, les étudiants donnaient une sérénade aux flambeaux sur la place du Château. Ce coup de sifflet fut mal interprété. Deux des assistants, M. B., professeur de droit criminel, et M. de G., juge au tribunal, et, depuis, promu aux fonctions de directeur de cercle, s'élancèrent sur le vieillard, et, tandis que le premier le retenait de force, le second lui asséna des coups de poing si vigoureux qu'il en mourut quelques jours après. Les deux auteurs de ce meurtre involontaire s'excusèrent en déclarant qu'ils avaient cru frapper un Français, et le parquet renonça à les poursuivre; mais, parmi les nombreux documents à charge publiés par la presse et par la famille de la malheureuse victime, se trouvait le journal intime du baron d'Aufsess. Il raconte l'attentat dont il a été l'objet et termine son récit par ces mots trop vrais : « Cela est d'un fâcheux augure pour l'avenir de la nouvelle université. » Encore une fois la force primait le droit, et que devait penser l'Alsace de cette ère de l'intelligence dans laquelle on la conviait d'entrer d'une manière si brutale ?

Et maintenant quelle sera l'attitude de l'Alsace pendant ce long temps d'épreuve qu'elle devra traverser; comment répondra-t-elle à la conduite que l'Allemagne tient à son égard ? A la violence, elle opposera la résignation, la patience, la constance de son affection pour la France. L'Alsace n'est pas une Pologne. Elle ne se lèvera pas; elle ne s'insurgera pas; elle ne fera pas d'appel aux armes; elle sait que de pareils expédients sont toujours stériles et ne servent qu'à provoquer de sanglantes représailles. Son arme à elle est la tristesse, et c'est pour cela qu'elle vaincra. Elle ne se demande pas comment, dans quel temps, à la suite de quelles complications et de quelles conjonctures. L'avenir est couvert de voiles épais, et toutes les apparences sont en faveur des affirmations du vainqueur que jamais l'Alsace ne redeviendra française. Néanmoins elle compte avec certitude sur la délivrance, car elle croit à cette parole de Christ : « Heureux ceux qui sont tristes, car ils seront consolés. » En attendant elle subit la présence des Allemands sur son sol, en se contentant de faire le vide autour d'eux; elle observe à leur égard cette attitude froide et digne qui fait leur désespoir. A part quelques défaillances dont on a fait grand bruit précisément parce qu'elles sont si rares et qu'elles offensent davantage le sentiment public, ceux-là même qui par leur position ou leurs fonctions sont obligés de se trouver en rapport avec les Allemands, ne se départissent pas vis-à-vis d'eux de la réserve la plus absolue. Le nombre de familles alsaciennes qui reçoivent des Allemands à leur foyer peut se compter sur les doigts. Il est vrai que la rue leur appartient, mais les indigènes s'arrangent de manière à les y rencontrer le moins possible et même à ne pas les voir en les rencontrant. Les précautions des Alsaciens et la manière dont ils manifestent leur répulsion peuvent sembler puériles et mesquines aux Allemands, mais en vérité ont-ils le droit de tant se plaindre? Ils s'indignent de ce qu'on les repousse eux et leurs dons, même lorsqu'il s'agit d'œuvres de bienfaisance, comme si la charité portait une livrée nationale. Les Alsaciens leur répondent qu'ils suffisent à soigner leurs pauvres, et que les nouveaux venus n'ont qu'à porter leur zèle charitable sur leurs propres compatriotes. En effet, parmi ces derniers, nous trouvons des éléments bien mélangés. Ce n'est pas précisément l'élite de ses fonctionnaires, de ses industriels, de ses marchands que l'Allemagne a envoyée en Alsace.

3.

A Metz, dans l'espace d'une seule année, cent faillites de négociants allemands ont été déclarées au greffe du tribunal de commerce. Cet ostracisme, dont la bonne société comme les corporations ou les associations les plus humbles frappent les immigrés allemands, est particulièrement sensible à leurs femmes. Voici un fait qui se reproduit pour ainsi dire tous les jours. Un officier a pris place avec son épouse sur un banc dans une promenade publique. La jeune Allemande suit avec un intérêt affectueux une charmante petite fille qui joue avec le sable et qui lève de temps à autre sur elle un œil craintif. Elle l'appelle de sa voix la plus douce et la plus caressante pour l'attirer vers elle; mais la mère, qui n'a pas perdu de vue sa petite chérie, lui fait un signe presque imperceptible mais tout aussitôt compris, et la gracieuse enfant de courir au plus vite se réfugier dans ses bras. La femme de l'officier ne peut retenir un sanglot; elle se lève en disant à son mari : « Allons-nous-en, nous vivons ici dans un enfer. »

Ah! Messieurs, nous touchons ici à l'un des points les plus délicats de notre douloureux sujet. Qu'il est malaisé aux Alsaciens de concilier leurs devoirs vis-à-vis de la patrie perdue avec leurs devoirs d'hommes et de chrétiens! La haine, cela ne fait aucun doute, quel que soit le prétexte dont elle se couvre, est toujours mauvaise; elle est absolument condamnée par l'Evangile et aussi par ce sentiment naturel d'équité qui veut que nous ne

rendions pas responsable chaque individu en particulier des fautes commises par la nation ou par ses
chefs. Mais combien dans la pratique, dans les rapports journaliers du peuple opprimé avec le peuple
oppresseur, il est difficile d'observer la juste mesure! Se rapprocher des Allemands, les accueillir
avec bonté, se montrer serviables vis-à-vis d'eux
est impossible aux Alsaciens, car ce serait sinon
justifier la conquête, du moins cesser de protester
contre les injustices et les violences qu'elle entraîne.
Il est bon, il est juste que la résistance morale que
l'Alsace oppose à ses vainqueurs ne faiblisse pas,
ne fût-ce qu pour rendre l'exercice du droit de
conquête plus difficile et plus détestable à l'avenir.
Plus les consciences alsaciennes protesteront contre
le joug qu'on veut leur imposer, et plus l'histoire
se montrera sévère pour la conduite de l'Allemagne lors du traité de paix de Francfort, plus
elle découragera ceux qui seraient tentés de l'imiter.

Mais qu'il est pénible à une âme loyale et expan-
sive, qu'il est dur pour un cœur chrétien de devoir
refouler ces sentiments de bienveillance et de cordia-
lité que l'on n'avait nulle part été si sûr de rencontrer que sur le sol hospitalier de l'Alsace! Qu'il est
fâcheux de vivre dans des conditions si nouvelles et
si anormales; que l'exercice de la charité, dans le
jugement et dans la conduite, devient difficile vis-
à-vis de ces immigrés de la conquête, soit fonctionnaires qui la représentent plus directement, soit
colons qui du moins en profitent! Et tel est pour-

tant, Messieurs, le sort auquel vous avez condamné vos malheureux compatriotes. Etre ému de compassion pour ces intrus aux formes si arrogantes et aux procédés si rigoureux, voir en eux des hommes dont la raison est troublée par l'ivresse du succès et le sens moral faussé par des maximes détestables, mais qui généralement valent mieux que le rôle ingrat ou odieux auquel ils se prêtent ; unir à une fermeté intraitable lorsqu'il s'agit des principes tout le support et toute la patience possibles envers les personnes : telles sont les difficiles vertus auxquelles s'exerce en ce moment, par amour pour la France, l'élite de la population alsacienne.

Mais ils sont peu nombreux, hélas ! — vous ne vous en étonnerez point — ceux qui atteignent à cet idéal d'élévation morale. Chez la plupart il se produit une sorte d'incertitude, d'oscillation, de douloureuse perplexité dans la conduite et dans les jugements, ou bien il subsiste une irritabilité nerveuse, une disposition maladive à s'exagérer les injustices et à mal interpréter les actes les plus inoffensifs ou les plus bienveillants de l'autorité ennemie. Il faut avoir vécu dans cette atmosphère embrasée, saturée hélas ! de haine et de désirs mal comprimés de revanche, pour comprendre jusqu'à quel point elle est contraire au développement spirituel, à la paix et à la sérénité de l'âme. Ce qui est surtout déplorable, c'est l'atteinte profonde portée à la jeunesse, dans sa candeur et dans ses élans de bienveillance, par les exemples qu'elle a sous les yeux et les leçons qu'elle reçoit chaque jour. Pauvre jeunesse alsacienne, si fortement attachée à la France et nourrie maintenant d'impressions qui risquent d'ébranler si profondément son jugement moral et ses sentiments chrétiens !

A côté de cette attitude digne et froide, de cette réserve obstinée vis-à-vis de l'Allemagne, l'Alsace continuera à cultiver avec passion les traditions et les souvenirs français. Toute parole, toute gravure, toute mode, tout emblème français est accueilli avec avidité de l'autre côté des Vosges. Quand, par un hasard que la police prussienne rend de plus en plus rare, un uniforme français se montre dans les rues, il faut voir avec quelles démonstrations sympathiques il est accueilli. De braves vieilles femmes s'approchent du militaire et lui demandent la faveur d'une poignée de main, avec ces mots invariables : « Au revoir ! » Il y a quelques mois, au moment du rapatriement des derniers prisonniers détenus dans les forteresses allemandes, un malheureux revêtu d'une capote grise et d'un pantalon rouge en loques traversait les rues de Strasbourg. Aussitôt toutes les bourses s'ouvrent, toutes les mains se tendent vers lui. On lui fait violence pour lui faire accepter quelques pièces d'argent. Le prétendu militaire, qui était tout simplement un escroc badois bien connu de la police, faisait une excellente recette, lorsque des agents le reconnaissent et l'appréhendent au collet. Mais

cette arrestation, loin de calmer les sympathies de
la foule, les augmentait au contraire. Les agents
ont beau crier : « Ce n'est pas un soldat français ! »
on ne les croit pas, et les pièces d'argent de tomber
de plus belle.

On organise chaque année une loterie municipale
de charité à Strasbourg. En 1871, Leurs Majestés
impériales ne jugèrent pas encore à propos de l'ho-
norer de leurs dons, vu l'esprit bien connu de la population ; mais elles crurent pouvoir se départir de
leur réserve il y a peu de jours. Les deux vases de
porcelaine de Misnie, offerts par S. M. l'empereur
Guillaume et S. M. l'impératrice Augusta, furent
gagnés par un simple ouvrier qui refusa de les
réclamer. On eut beau lui faire remarquer ce que
ce refus avait de blessant et à quels dangers il pouvait l'exposer, rien ne put l'ébranler. On lui proposa alors, avec toutes sortes de précautions et de
ménagements, de lui envoyer la valeur en argent.
Le brave ouvrier persista dans son refus.

Les Vosges, devenues une frontière non pour les
cœurs mais pour les géographes et les politiques,
sont plus que jamais le but des excursions des Alsaciens, qui désertent absolument les sites pittores-
ques et jadis très-fréquentés de la Forêt-Noire. On
part en grande société, on tâche de gagner quelque
cime et de mettre le pied sur la terre de France.
Les jeunes filles forment un groupe, et tandis que
les personnes plus âgées, graves et la tête dans la
main, suivent le sillon douloureux de leur pensée,

un chœur s'élève, triste et passionné. Ce sont généralement les hymnes de la Pologne que chantent
ces voix douces et mélancoliques, en y adaptant
d'autres noms au mépris de la rime. On jette un
dernier regard du côté de la France, puis on prend
le chemin du retour. Au bas de la côte le douanier,
l'inévitable douanier allemand, en casquette plate
et le fusil en bandoulière, demande si vous n'avez
rien à déclarer. L'une des jeunes filles se détache
des groupes et, tendant une branche de son bouquet, elle dit en regardant le douanier de son œil
clair et doux : « De la bruyère française ! »

Mais c'est assez nous arrêter, Messieurs, à ces
sympathies de l'Alsace, si profondes et si ingénieu-
sement variées dans leur expression. Permettez-moi
une dernière réflexion. Au sujet d'un sermon dans
lequel j'essayais, il y a quelques mois, de montrer
que le relèvement de la France serait la future rançon de l'Alsace, savez-vous ce que l'on m'a écrit de
là-bas? « Puissent les souffrances, puisse le martyre
de l'Alsace être la rançon de la France ! Puisse-
t-elle se relever de ses désastres matériels et de ses
ruines morales, et nous ne regretterons pas les
maux dont nous sommes abreuvés ! » Ah ! Messieurs, entendons ces voix qui nous viennent du pays
des sacrifices. Sachons rompre enfin avec les fu-
nestes traditions qui nous ont perdus ; sachons ré-
solûment combattre parmi nous l'ignorance, la su-
perstition, la légèreté, la forfanterie, tous ces vices

nationaux qui nous ont tant fait déchoir; efforçons-nous de sortir retrempés de la cruelle épreuve que Dieu nous a envoyée. Et puis, laissez-moi vous le dire : n'agitons pas inutilement le spectre rouge, quels que soient les dangers dont l'esprit révolutionnaire puisse nous menacer; de même n'agitons pas à tout coup le spectre noir, bien que l'esprit clérical, si nous ne lui résistons, achèvera de perdre la France. L'heure actuelle, songeons-y, nous impose un devoir plus pressant. Au lieu de récriminer et d'élargir encore l'espace qui nous divise, unissons plutôt nos forces, et plaçons-nous, non devant un fantôme, mais devant la plus poignante des réalités, les larmes de l'Alsace.

Paris. — Typ. de Ch. Meyrueis, 13, rue Cujas. — 1873.